1,000,000 Books

are available to read at

www.ForgottenBooks.com

Read online
Download PDF
Purchase in print

ISBN 978-0-282-10224-1
PIBN 10599337

This book is a reproduction of an important historical work. Forgotten Books uses state-of-the-art technology to digitally reconstruct the work, preserving the original format whilst repairing imperfections present in the aged copy. In rare cases, an imperfection in the original, such as a blemish or missing page, may be replicated in our edition. We do, however, repair the vast majority of imperfections successfully; any imperfections that remain are intentionally left to preserve the state of such historical works.

Forgotten Books is a registered trademark of FB &c Ltd.
Copyright © 2018 FB &c Ltd.
FB &c Ltd, Dalton House, 60 Windsor Avenue, London, SW19 2RR.
Company number 08720141. Registered in England and Wales.

For support please visit www.forgottenbooks.com

# 1 MONTH OF FREE READING

at

**www.ForgottenBooks.com**

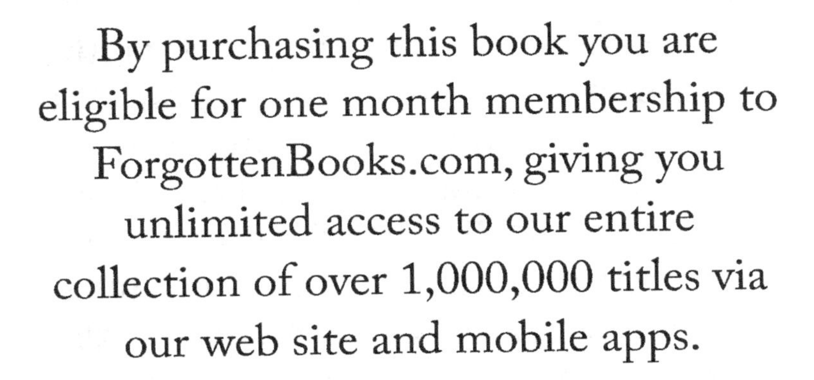

By purchasing this book you are eligible for one month membership to ForgottenBooks.com, giving you unlimited access to our entire collection of over 1,000,000 titles via our web site and mobile apps.

To claim your free month visit:

www.forgottenbooks.com/free599337

* Offer is valid for 45 days from date of purchase. Terms and conditions apply.

**English**
**Français**
**Deutsche**
**Italiano**
**Español**
**Português**

www.forgottenbooks.com

**Mythology** Photography **Fiction** Fishing Christianity **Art** Cooking Essays Buddhism Freemasonry Medicine **Biology** Music **Ancient Egypt** Evolution Carpentry Physics Dance Geology **Mathematics** Fitness Shakespeare **Folklore** Yoga Marketing **Confidence** Immortality Biographies Poetry **Psychology** Witchcraft Electronics Chemistry History **Law** Accounting **Philosophy** Anthropology Alchemy Drama Quantum Mechanics Atheism Sexual Health **Ancient History** **Entrepreneurship** Languages Sport Paleontology Needlework Islam **Metaphysics** Investment Archaeology Parenting Statistics Criminology **Motivational**

# bei Epileptischen.

Von

Sanitätsrat Dr. Wildermuth.
Nervenarzt in Stuttgart.

Dritte Auflage.

Alle Rechte vorbehalten.

Halle a. S.
Verlag von Carl Marhold.
1904.

LANE
MEDICAL LIBRARY
The Hoisholt
Psychiatric Library

# Über die
# ufgaben des Pflegepersonals bei Epileptischen.

Von

Sanitätsrat Dr. **Wildermuth**,
Nervenarzt in Stuttgart.

Dritte Auflage.

Alle Rechte vorbehalten.

Halle a. S.
Verlag von Carl Marhold.
1904.

The Hoisholt
Psychiatric Library

# Über die

# ufgaben des Pflegepersonals bei Epileptischen.

---

Von

Sanitätsrat Dr. **Wildermuth**,
Nervenarzt in Stuttgart.

---

Dritte Auflage.

Alle Rechte vorbehalten.

Halle a. S.
Verlag von Carl Marhold.
1904.

Sonderdruck aus „Die Irrenpflege".

Jahrg. 1898, Nr. 11 und 12.

---

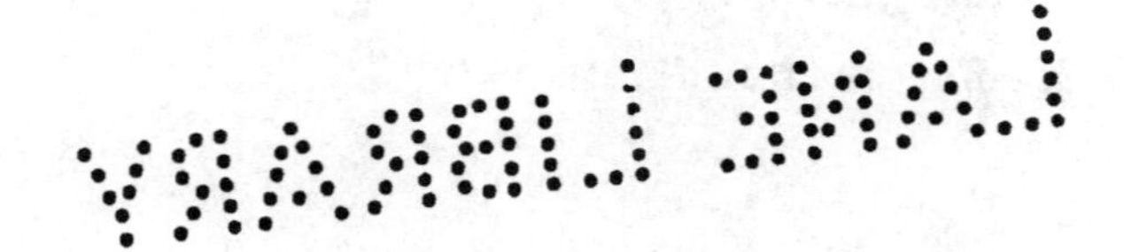

3 6
0 4

# Über die Aufgaben des Pflegepersonals bei Epileptischen.

Von
Sanitätsrat **Dr. Wildermuth**, Nervenarzt in Stuttgart.

---

Die Epilepsie (Fallsucht) ist eine schwere Krankheit des Nervensystems, die sich in einzelnen, eigenartigen Anfällen äußert. Das Wesentliche dieser Anfälle ist, daß der Kranke plötzlich in seinem Bewußtsein gestört und von Krämpfen befallen wird.

### Die epileptischen Anfälle.

Nach ihrer Heftigkeit sind die Anfälle verschieden. Man unterscheidet vollständige, *ausgebildete Anfälle*: großes Übel (grand mal) und kleine *unvollständige Anfälle*: kleines Übel (petit mal), Schwindel. Die meisten Epileptischen leiden an großen und kleinen Anfällen. Es kommt aber auch vor, daß entweder nur große oder nur unvollständige Anfälle bei einem Kranken beobachtet werden.

### Vorboten des Anfalls.

Dem Ausbruch des Aufalles geht oft einige Tage, oder einige Stunden eine Änderung im Wesen und in der Stimmung des Kranken vorher. Sie äußert sich bei demselben Krankeu immer wieder in derselben Weise. Meist wird er reizbar, zornmütig, unverträglich. Manchmal spricht er auch irre. So habe ich einen Kranken gekannt, der stets einige Stunden vor dem Anfall zu klagen anfing, daß ihm die Zähne ausfallen und sein Leib von Würmern zerfressen werde. Ein anderer war einige Tage vorher stets besonders aufgeräumt und lustig und versicherte, daß es ihm sehr gut gehe, daß er gewiß keinen Anfall mehr bekommen werde.

50140

Diese Vorboten sind Warnungszeichen, die das Personal wohl zu beachten hat.

### Das Vorgefühl vor dem Anfall, die Aura.

Zu unterscheiden von diesen Vorboten des Anfalls, die ihm Stunden, ja Tage lang vorangehen, ist das Vorgefühl, das den Anfall einleitet oder vielmehr schon der Anfang des Anfalles ist. Die Ärzte bezeichnen dieses Vorgefühl mit dem griechischen Wort: Aura, d. h. der Luftzug oder das Anwehen. Dieser Name kommt daher, daß die Kranken nicht selten angeben, es sei ihnen, wie wenn sie von einem Luftzug angeblasen würden, oder wie wenn ein solcher vom Magen oder von den Gliedern heraufstiege. Dies ist aber keineswegs die einzige oder auch nur die häufigste Art des Vorgefühles. Meist sind es Empfindungen anderer Art, Angstzustände, allgemeines Übelsein, Ohnmachtgefühl, Schmerz im Bauch, in der Magengegend, die den Anfall einleiten. Hie und da ist es auch eine Sinnestäuschung, die dem Anfalle vorangeht. So ist ein Fall bekannt, in dem der Kranke vor jedem Anfall einen grauen Vogel zu sehen glaubte. Oft genug kann der Kranke das, was er empfunden hat nicht genau beschreiben: „es sei ihm eben ganz sonderbar zu Mut gewesen.“

Das Vorgefühl dauert meist nur einen Augenblick, selten so lange, daß sich der Kranke noch setzen oder hinlegen kann.

Bei vielen Epileptischen ist ein Vorgefühl nicht vorhanden. Der Anfall kommt so rasch zum Ausbruch, daß der Kranke den Anfang nicht mehr empfindet.

### Der eigentliche Anfall.

Der Teil des Anfalls nach dem Vorgefühl beginnt nic selten mit einem lauten Schrei. Der Kranke hat dabei da Bewußtsein schon ganz verloren, er weiß durchaus nicht meh was um ihn herum vorgeht, er hört, sieht und empfindet nich mehr und stürzt zusammen, wie vom Blitz getroffen. Je beginnen die Krämpfe. Die Muskeln des Gesichtes, d Rumpfes und der Glieder geraten in starke Spannung. Da beginnt ein leichtes Zittern am Kopf und an den Gliede das immer stärker wird und in heftiges Zucken und Schlag übergeht.

Bei der gewöhnlichen Art der Fallsucht verliert der Kranke das Bewußtsein, ehe die Krämpfe auftreten und diese befallen plötzlich und ziemlich gleichmäßig alle Muskeln. Bei einer anderen, selteneren Form treten die Krämpfe zunächst an bestimmten und beschränkten Stellen auf und verbreiten sich verhältnismäßig langsam weiter. So werden beispielsweise Anfangs einige Finger gebeugt, dann die Hand, dann der Vorderarm und so weiter und erst, wenn die Muskeln am Hals vom Krampf ergriffen worden sind, verliert der Kranke das Bewußtsein. Dabei kann es sein Bewenden haben oder die Krämpfe breiten sich jetzt auch auf den übrigen Körper aus. Manchmal verliert der Kranke bei dieser Art der Epilepsie das Bewußtsein nicht.

Die Einzelheiten im Beginn und Verlauf der Krämpfe sind wichtig, weil man daraus nicht selten Schlüsse auf den Sitz und die Ursache des Leidens ziehen kann.

Die Atmung ist auf der Höhe des Anfalles schwer behindert, das Gesicht wird dunkelblaurot, gegen das Ende des Anfalles blaß mit bläulichem Anflug. Aus dem Mund fließt reichlich schaumiger Speichel, oft blutig gefärbt, weil sich der Kranke die Zunge zerbissen hat. Häufig geht auch Kot und Urin ab. Nachdem die Krämpfe ausgetobt haben, kommt der Kranke allmählich wieder zu sich, er blickt verlegen oder verwundert umher und macht ungeschickte Bewegungen sich zu erheben. Oder er verfällt im unmittelbaren Anschluß an den Anfall in einen tiefen Schlaf, aus dem er gekräftigt wieder erwacht. Manchmal tritt nach dem Anfall Erbrechen auf, auch heftige Kopfschmerzen sind nicht selten. Sehr zu beachten ist es, daß manche Kranke nach dem Anfall scheinbar richtig handeln und sprechen, ohne daß sie ein Bewußtsein davon haben. Sie wachen dann aus diesem Zustand auf wie Nachtwandler und wissen nicht was vorgegangen ist.

Recht häufig sind die Kranken nach dem Anfall zornig, mißlaunig oder tief niedergeschlagen. Bei Andern wirkt der Anfall wie ein reinigendes Gewitter und der Patient, der vorher höchst widerwärtig war, wird heiter und freundlich.

Im Einzelnen gibt es unzählige Abweichungen in der

Art und Weise, wie der Anfall beginnt und verläuft. Die Hauptsache ist dabei immer: Störung des Bewußtseins und Krämpfe.

Bei dem plötzlichen Auftreten der Anfälle, dem völligen Verlust des Bewußtseins ist der Kranke Verletzungen und Beschädigungen aller Art in hohem Grade ausgesetzt. Es ist eine wichtige Aufgabe des Personals, den Kranken davor zu schützen.

Die Häufigkeit, in der die Anfälle auftreten, ist sehr verschieden.

Manche Epileptiker werden in Pausen von Monaten befallen, bei Andern zeigen sie sich Tag für Tag, wieder bei Andern treten einige Tage hintereinander Anfälle auf, um den Kranken wieder wochenlang zu verschonen. Bei genauer Beobachtung wird man meist finden, daß in dem Auftreten der Anfälle eine gewisse Regelmäßigkeit herrscht.

### Die gehäuften Anfälle.

Das gefürchtetste Ereignis in unsern Anstalten sind die gehäuften Anfälle. Ehe sich der Kranke von einem Anfall erholt hat, tritt sofort ein neuer auf und so geht es Schlag auf Schlag fort. Dutzende, ja bis 100 Anfälle und darüber können so aufeinander folgen.

Dieser Zustand ist lebensgefährlich; fast die Hälfte der Todesfälle in den Anstalten kommt auf seine Rechnung.

### Epileptische Anfälle in Form von Geistesstörung.

Kurz möge hier noch erwähnt werden, daß sich die Epilepsie auch in ganz anderer Weise äußern kann, als in Anfällen, wie sie eben beschrieben worden sind. Es ist nicht ganz selten, daß an Stelle dieser Anfälle Zustände von plötzlicher Geistesstörung auftreten. Diese kann bestehen in furchtbarer **Tobsucht**, in der der Kranke von massenhaften schrecklichen Sinnestäuschungen heimgesucht wird: Er sieht sich von Teufeln, schrecklichen Thieren bedroht, hält die ihn Umgebenden für drohende Feinde usw.

Da sich der Kranke dieser eingebildeten Gefahren in gewaltsamer Weise zu erwehren sucht, so ist er in diesem Zustand äußerst gefährlich. Manchmal hat er auch Wahnvorstellungen anderer Art: er sieht den Himmel offen, sieht und hört Engel, die ihm seine Genesung verkünden und Ähnliches.

Manchmal tritt statt des Anfalls ein langanhaltender Traumzustand, ein Dämmerzustand auf, wie wir ihn oben als Vorkommnis nach den Anfällen beschrieben haben.

### Die unvollständigen Anfälle.

Die unvollständigen Anfälle (epileptischer Schwindel, kleines Übel) bestehen in einer ganz rasch vorübergehenden Störung des Bewußtseins. Der Kranke starrt, oft mitten im Gespräch oder während seiner Hantirung ins Leere, macht zwecklose Bewegungen mit den Gliedern und dem Mund, um gleich nachher in der Rede oder in seiner Beschäftigung fortzufahren, wie wenn Nichts geschehen wäre. Die Formen, in denen diese Schwindel auftreten, sind unzählig. Im Allgemeinen kann man sagen, daß er sich jeweils genau so äußert, wie das Vorgefühl, die Aura, vor großen Anfällen.

### Das Verhalten der Epileptiker in den Zwischenzeiten.

Nur in den ersten Zeiten und bei leichteren Graden der Krankheit bietet der Epileptische in den Zwischenzeiten zwischen den Anfällen, das Bild der Gesundheit.

Meistens zeigen sich bald auch hier die Spuren des schweren Leidens. Allgemeine Hinfälligkeit, Verdauungsstörungen, Abnahme der Muskelkraft stellen sich ein.

### Der geistige Verfall des Epileptikers.

Das Schlimmste ist der geistige Verfall, den leider auch die beste Pflege und Fürsorge nicht immer zu verhindern vermag. Zuerst leidet das Gedächtnis Not, die Auffassungskraft wird stumpf, ebenso verkümmert das Gemütsleben. Der Kranke wird gegen seine Nächsten gleichgültig und roh, manchmal zeigt der früher gut geartete Patient Neigung zu schlechten und unsittlichen Handlungen. Diese sittliche Verwilderung ist einer der traurigsten Züge in dem trüben Bild der schrecklichen Krankheit. Glücklicherweise ist sie nicht so häufig, wie oft angenommen wird und es wäre ein schwerer Irrtum und ein grosses Unrecht, in jedem Epileptiker einen sittlich verkommenen Menschen zu sehen.

Nicht selten führt die Fallsucht zu völliger Verblödung.

## Die Pflege der Epileptischen.

Für die Pflege der Epileptischen gelten alle Grundsätze und Regeln, die für die Krankenpflege überhaupt gelten. Aufopfernde Menschenliebe, Fleiß, Ordnung, Pünktlichkeit, Reinlichkeit und nicht zuletzt die Fähigkeit und der gute Wille, den ärztlichen Anordnungen genau und widerspruchslos zu folgen, sind die Eigenschaften, die für einen guten Pfleger unerläßlich sind.

Im Einzelnen wollen wir hier nur die Punkte erwähnen, die bei der Pflege Fallsüchtiger besonders in Betracht kommen.

## Gute Luft.

Das erste Erfordernis für Kranke und Gesunde ist gute Luft in Wohn- und Schlafräumen. Dafür ist bei den Epileptischen, die vielfach, teilweise in Folge des Bromgebrauches an schlechter Hautausdünstung leiden, ganz besonders Sorge zu tragen. In dem Bestreben, für gute Luft zu sorgen, darf man sich durch die abergläubische Furcht vor „Erkältung“ nicht hindern lassen. Schlechte, übelriechende Luft bringt der Gesundheit unendlich mehr Schaden, als jede Art des vielgefürchteten „Zuges“. Also ordentlich Türen und Fenster auf!

In jeder guten Anstalt wird die Einrichtung getroffen sein, daß man sie offen lassen kann, ohne daß die Lufterneurung unangenehm empfunden wird.

Im Winter soll die Wärme der Luft im Wohnzimmer nicht mehr als 14° R., in den Schlafräumen nicht mehr als 12° betragen.

Die Betten sollen den Tag über aufgedeckt bleiben. Das sieht nicht so proper aus, als wenn sie zugedeckt sind, es ist aber im Interesse einer guten Lüftung durchaus notwendig.

Aus der Beschaffenheit der Luft in den Krankenräumen kann man sofort schliessen, von welchem Schlag der Wärter oder die Wärterin der Abteilung ist.

## Die Ernährung der Kranken.

Die Art der Ernährung wird in der Anstalt vom Arzt bestimmt. Es ist darüber hier nichts weiter zu sagen. Nur eines möge betont werden, daß jede Art geistiger Getränke für den Epileptischen schädlich ist. Er muß sich deren gänzlich enthalten. Das wird Manchem nicht leicht. Es wird aber eher gehen, wenn er sieht, daß Niemand in seiner Umgebung, auch das Wartepersonal nicht, geistige Getränke zu sich nimmt.

Das Personal hat darauf zu halten, daß die Kranken anständig essen. Gute äußere Gewohnheiten sind für diese noch viel mehr wert, als für gesunde Menschen. Ist den Kranken ein äußerlich ordentliches, anständiges Verhalten in Fleisch und Blut übergegangen, so bewahren sie noch lange eine gute Haltung, auch wenn sie dem traurigen Geschick einer allmählichen Verblödung nicht entgehen. Dadurch wird die Pflege wesentlich erleichtert.

Es ist eine allgemein anerkannte Erfahrung, daß Störungen in der Verdauung auf Epileptische äußerst schlimm einwirken. Nicht selten wird ein Rückfall der Krankheit durch einen Diätfehler herbeigeführt. Es ist darauf zu achten, daß die Kranken die Speisen ordentlich kauen und nicht in zu großen Bissen verschlucken.

Besondere Sorgfalt ist auf Regelung des Stuhlgangs zu verwenden. Solche, auf deren Angaben man sich nicht verlassen kann, muß man von Zeit zu Zeit klystiren. Ebenso ist es zweckmäßig, bei jedem neu Aufgenommenen einen Einlauf in den Darm vorzunehmen.

Kinder und geistig geschwächte Kranke muß man an bestimmte Stunden zur Befriedigung ihrer natürlichen Bedürfnisse gewöhnen, damit erreicht man am Meisten. Nächtlicher Unreinlichkeit wird am Besten dadurch vorgebeugt, daß man Abends den Darm gründlich entleert, wenn ein einfaches Klystier nicht genügt durch eine hohe Darmausspülung mittelst des langen, weichen Darmrohres und des Trichters. Man läßt durch einen Glastrichter, der mit dem Darmrohr durch einen Gummischlauch verbunden ist, viel laues Wasser einlaufen; klagt der Kranke über starke Spannung im Bauch, so senkt man den Trichter und läßt das Wasser abfließen. Auf diese Weise kann man fast unbeschränkte Wassermassen in den Darm bringen. Oft fördert man auf diese Weise unglaubliche Mengen von Kot zu Tag.

## Die Darreichung der Arzneien und die Haut- und Mundpflege.

Es ist Sache des Arztes, die Arzneien zu bestimmen. Auch auf diesen Punkt haben wir nicht weiter einzugehen. Erwähnt möge werden, daß die Lösung von Bromsalzen, die das häufigst angewandte Mittel bei Epileptischen sind, immer reichlich mit Wasser verdünnt gegeben werden muß.

Die Gläser, in denen die Bromlösung aufbewahrt wird, sind überaus sorgfältig zu reinigen, sonst bildet sich Schimmel, der in weißen Punkten und Flecken die Flüssigkeit durchsetzt und sie unbrauchbar macht. Brom darf nie in den leeren Magen gegeben werden. Stets soll die Arznei zu bestimmten Stunden gereicht werden.

Leider wirkt das Brom nicht nur heilsam, sondern es hat auch unerwünschte Nebenwirkungen. Diese lassen sich durch eine sorgfältige Pflege abschwächen oder verhindern.

In erster Linie ist eine sorgfältige Reinigung des Mundes und der Zähne erforderlich. Sonst entwickelt sich ein häßlicher Zungenbelag und ein sehr übler Geruch aus dem Munde, auch die Zähne leiden Not. Dem kann durch häufiges Reinigen des Mundes vorgebeugt werden, das nach jeder Hauptmahlzeit und Abends vor Schlafengehen zu geschehen hat.

Als Mundwasser verwendet man eine verdünnte Lösung von übermangansaurem Kali, die jeden Tag frisch bereitet wird.

Von einer Lösung von 5 Gramm übermangansauren Kalis auf 100 Gramm Wasser giebt man einen schwachen Theeloffel voll in ein Weinglas voll Mundwasser.

Ein wirksames Mittel zur Reinigung des Mundes ist auch das chlorsaure Kali. Es ist aber giftig und seine Lösung darf nicht verschluckt werden. Es eignet sich deshalb nur für ganz verständige Kranke.

Daneben muß fleißig von der Zahnbürste und der Zahnseife Gebrauch gemacht werden. Als solche verwendet man die einfache medicinische Seife.

Eine weitere üble Folge des Bromgebrauches sind Hautausschläge. Neben dem Gebrauch der geeigneten innerlichen Mittel ist eine gute Hautpflege von größter Wichtigkeit. Jeder Epileptische sollte mindestens zweimal wöchentlich ein Reinigungsbad erhalten; in einem dieser Bäder soll er am ganzen Körper tüchtig eingeseift und mit weichen Badebürsten abgerieben werden.

## Kleidung der Kranken.

Daß Kleider und Schuhe der Kranken reinlich gehalten werden müssen, versteht sich von selbst. Bei geistig schwachen Kindern, die sich noch nicht selbst ankleiden können, darf sich das Personal die Mühe nicht verdrießen lassen, es den Kranken zu lehren. Die darauf verwendete Mühe lohnt sich später reichlich.

## Die Behandlung im Anfall.

Wir haben oben erwähnt, daß bei manchen Kranken dem Anfall gewisse Erscheinungen vorausgehen, die seinen Eintritt mit Sicherheit anzeigen. Ein wachsames Personal wird diese Vorboten beachten.

Ist der Anfall ausgebrochen, so hat man nichts anderes zu thun, als den Kranken so zu lagern, daß er sich und Andern nicht schaden kann. Namentlich muß dafür gesorgt werden, daß das Atmen nicht behindert wird. Hemdkragen, Cravatte usw. sind zu öffnen, überhaupt ist alles an der Kleidung, was einschnürt und einengt, zu entfernen.

Vor Wichtigtuerei und Vielgeschäftigkeit hüte man sich. Besprengen mit Wasser, Aufbrechen des Mundes und ähnliche Umständlichkeiten sind unnütz oder schädlich. Der Pfleger soll eine möglichst ruhige Haltung bewahren, ohne gleichgültig zu sein. Er soll den schreckhaften Eindruck, den der Anfall besonders auf Neueingetretene macht, nicht durch aufgeregtes Wesen vermehren.

Nach dem Anfall bringt man den Kranken ins Bett, dann kann man kalte Umschläge auf die Stirn und die Scheitelgegend legen. Der Patient darf nicht außer Acht gelassen werden, bis er wieder völlig bei sich ist. Man braucht mit ihm über das, was vorgefallen ist, nicht zu reden. Oft weiß er gar nicht, daß er wieder „krank“ gewesen ist. Manchmal freilich, namentlich wenn der Anfall nach einer längeren, hoffnungserregenden Pause aufgetreten ist, bemächtigt sich des Armen tiefe Niedergeschlagenheit. Dann sind freundlich aufmunternde Worte am Platz.

Wiederholen sich die Anfälle rasch hintereinander, so ist sofort der Arzt zu benachrichtigen.

So weit es die meist kurze Dauer des Zustandes zuläßt, bedürfen die Patienten auch beim epileptischen Schwindel der Überwachung, da sie dabei nicht selten verwirrt handeln, davon laufen wollen und Ähnliches.

## Die Behandlung der Epileptischen mit Rücksicht auf ihren geistigen Zustand.

Leuten, die Tag für Tag mit Epileptischen zu tun haben, braucht man nicht zu sagen, daß die Fallsucht eine fürchterliche Krankheit ist, daß die, die damit behaftet sind, unser Mitgefühl in hohem Grade erregen müssen. Wir dürfen nie vergessen, daß wir den Armen, die unserer Obhut anvertraut sind, die Heimat ersetzen müssen, die für Viele jahrelang, für die Meisten auf Lebensdauer verschlossen ist.

Viele der Kranken sehen die Hoffnung auf Genesung von Jahr zu Jahr mehr schwinden, von Jahr zu Jahr mehrt sich die Last der Krankheit und ihre Folgen für Geist und Körper. Mehr und mehr kommen sie zur Einsicht, daß sie auf Alles, was Gesunden das Leben schön und reich macht, Beruf, Familie, Arbeiten und Streben in der menschlichen Gemeinschaft verzichten müssen. Da dürfen wir nicht erstaunt sein, wenn die Kranken trübsinnig, mürrisch, verbittert werden. Es wäre ein Wunder, wenn es anders wäre! Übel steht es denen an, die mit der Pflege der Kranken betraut sind, darüber ärgerlich und ungedukdig zu werden.

Aber nicht nur das Gefühl des Mitleids und der Menschenliebe muß uns bestimmen, unsere Kranken mit Nachsicht zu behandeln. Auch ruhige und verständige Überlegung läßt uns dies als das einzig Richtige erkennen. Wir haben gesehen, daß bei den Epileptischen nicht nur während des Anfalls selbst das geistige Leben gänzlich erloschen ist, daß vor und nach dem Anfall, nicht selten auch an dessen Stelle Zustände geistiger Störung auftreten, sondern daß der Kranke mit dem Weiterschreiten der Krankheit auch in der Zeit während der Anfälle geistig Not leidet.

Wer sich mit der Pflege derartiger Kranken abgiebt, muß lernen es einzusehen, daß ein Mensch nicht nur dann geisteskrank ist, wenn er ohne ersichtlichen Grund tobt, lärmt, sonst verkehrte Handlungen begeht oder ungereimtes Zeug schwatzt. Recht oft äußern sich geistige Störungen in viel weniger auffallender Weise, in langsamer Abnahme der Verstandeskräfte und einer ungünstigen Veränderung der Gemütsart. Daß gerade dies bei Epileptischen häufig ist, haben wir oben gesehen. Solche Kranke sind für ihr Reden und Tun so wenig verantwortlich zu machen als irgend ein Verrückter, der sich für den Kaiser von China hält, oder ein Fieberkranker, der in der Verwirrung unsinnige und unverständliche Reden führt.

Ebenso wie es töricht und ein schweres Unrecht ist, gegen solche Kranke, die an einer für jeden erkennbaren geistigen Störung leiden, unfreundlich und roh zu sein, ist eine solche Handlungsweise Epileptischen gegenüber.

Mit Ruhe und Freundlichkeit kommt man bei allem Ernst am Weitesten. Ein verständiges Personal kann auch viele Aufregungen verhüten, indem es z. B. den Kranken von dem augenblicklichen Gegenstand seines Zornes ablenkt, ihn — in Begleitung natürlich — einen Gang ins Freie machen läßt. Sehr wohltätig wirkt es oft, ihn einfach ins Bett zu legen.

Ruhiges, freundliches Betragen liegt im eigensten Interesse des Personals. Dadurch gelingt es am ehesten, einen ruhigen, freundlichen Geist auf der Abteilung zu erhalten, viel mehr als durch barsches und unfreundliches Kommandieren. „Wie man in den Wald hineinruft, schallt's wieder heraus“, gilt auch hier.

Körperliche Züchtigungen soll das Personal unter keinen Umständen ausführen. Mit Recht ist solche Roheit in allen guten Anstalten mit schwerer Ahndung bedroht.

Daß es eine sehr schwere Aufgabe ist, mit Epileptischen richtig zu verkehren, verkenne ich gewiß nicht. Es gehört dazu ein hoher Grad von Menschenliebe, Besonnenheit und Geduld. Das lernt sich auch nicht auf einmal, sondern nur in längerer Selbstzucht.

Pfleger und Pflegerinnen, die hier den richtigen Ton treffen, dürfen sich dann auch sagen, daß es der schwierigste Teil der Krankenpflege ist, dem sie gerecht werden.

Wer das nicht lernt, wer immer über „die boshaften und unartigen" Kranken klagt und mit Schimpfen oder gar mit Schlägen bei den Kranken seine Autorität zu wahren sucht, muß möglichst rasch entfernt werden, auch wenn er sich sonst nicht ungeschickt anläßt.

### Die Beobachtung der Epileptischen.

Neben der Fürsorge für den Kranken im engern Sinn hat das Pflegerpersonal in Epileptiker-Anstalten noch eine andere wichtige Aufgabe zu erfüllen. Bei der Art und Weise der Fallsucht, die sich in unerwarteten und rasch vorausgehenden Anfällen äußert, kann es oft lange anstehen, bis der Arzt selbst in der Lage ist, einen solchen zu beobachten. Deshalb muß das Personal lernen, auf die Punkte zu achten, die von Wichtigkeit sind. Als Beispiel, wie eine solche Beobachtung geregelt und erleichtert werden kann, führe ich an, wie es in dieser Hinsicht in der Anstalt zu Stetten i. R. in Württemberg gehalten wird.

Für jeden Kranken wird ein Büchlein angelegt, in dem vorne der Name, Alter, Heimat, der Tag des Eintrittes in die Anstalt steht. In dieses Büchlein werden die Anfälle eingetragen. Für große und kleine Anfälle, für Tag- und Nachtzeit sind besondere Fächer eingezeichnet.

Vorn in jedem Büchlein steht eine Anzahl Fragen, die das Personal zu beantworten hat. Ich lasse sie hier folgen:

### I. Ausgebildete Anfälle.

1. Sind vor oder nach den Anfällen Veränderungen im Wesen und in der Stimmung des Kranken zu bemerken? Welche? Wie lange vorher?

2. Zeigen sich die Anfälle nur bei Tag, oder nur bei Nacht, oder bei Tag und Nacht?

3. Sind unmittelbare Vorboten des Anfalls vorhanden? Welcher Art?

4. Beginnt der Anfall mit einem Schrei?

5. Sind Muskelkrämpfe vorhanden? Wo beginnen sie? Sind sie allgemein? Sind sie auf die rechte oder auf die linke Körperhälfte beschränkt? Sind sie auf einer Seite stärker als auf der andern? Ergreifen sie nur einzelne Körperteile? (Arme, Beine, Gesicht). Sind sie über den ganzen Körper verbreitet? Wie lange dauern die Krämpfe?

6. Verändert sich vor, während oder nach dem Anfall die Gesichtsfarbe und wie? Wird der Kranke rot oder blaß?

7. Geht während des Anfalls Kot oder Harn ab?

8. Ist der Kranke während des Anfalls ganz bewußtlos?

9. Wie lange dauert der Anfall?

10. Kommt der Kranke nach dem Anfall rasch wieder zu sich oder dauert das längere Zeit.

11. Ist er nachher schlafsüchtig oder aufgeregt?

12. Weiß er nachher, was vorgefallen ist oder nicht?

13. Ist sonst noch etwas zu beobachten, was in den Fragen nicht enthalten ist?

## I. Unvollständige Anfälle (Schwindel, kleines Übel).

1. Zu welcher Tageszeit kommen sie vor?

2. Kommen sie in der Zeit vor den großen Anfällen vor oder nach diesen?

3. Wie äußern sie sich?

4. Wie lange dauern sie?

5. Sind Muskelzuckungen im Gesicht oder in den Gliedern dabei vorhanden?

6. Was ist sonst noch bemerkt worden?

Diese Fragen sollen und können nicht auf einmal beantwortet werden. Bei der kurzen Dauer der Anfälle ist dies unmöglich. Aber bei Wiederholung der Anfälle wird dies möglich sein. Die Beobachtung mit der Uhr in der Hand ist notwendig, sonst täuscht man sich über die Zeit.

Ich habe diese Fragenreihe nur als Beispiel angeführ
In jeder Anstalt wird wohl etwas Ähnliches bestehen, wen
auch in anderer Form. Über die einzelnen Punkte wird d
Arzt dem Wärter oder der Wärterin gerne nähere Aufklärur
geben. Verändert sich, was nicht so selten ist, die Art ur
Weise des Leidens, so muß das natürlich nachgetragen werde

In der Rubrik „Bemerkungen", die auf den Tabell
zur Aufzählung der Anfälle steht, sollen Vorkommnisse i
Verlauf der Krankheit, etwaige Verletzungen, die Körper
temperaturen, Körpergewicht usw. eingetragen werden.

Durch eine sorgfältige und gewissenhafte Beobachtun
kann das Personal dem Arzt seine Aufgabe wesentlich er
leichtern. Der Pflegende wird dabei selbst viel lernen, e
wird mehr Interesse an dem einzelnen Kranken bekomme
und sich so davon überzeugen, wie sehr die Stimmungen de
Kranken, seine Art und seine Unart durch die Äußerunge
des Grundleidens bestimmt werden. Diese Einsicht muß be
jedem verständigen Menschen die Wirkung haben, daß er de
Kranken gegenüber nachsichtig und geduldig bleibt. Das is
der Punkt, auf den man immer wieder zurückkommen muß
das A und das O der Pflege der Fallsüchtigen.

Das Personal soll daran denken, daß der Spruch der Bibel:
„Was Ihr getan habt einem unter diesen meinen geringster
Brüdern, das habt Ihr mir getan", auch bei Epileptischen
gilt. Im Guten wie im Bösen.